❖ EDICIÓN ABREVIADA ❖

LAS SIETE LEYES
ESPIRITUALES DEL ÉXITO

UN PEQUEÑO LIBRO PARA
REALIZAR SUS SUEÑOS

AMBER-ALLEN PUBLISHING
SAN RAFAEL, CALIFORNIA

• UNA HORA DE SABIDURÍA •

Edición original © 1994 Deepak Chopra
Edición abreviada © 2008 Deepak Chopra

Publicado por Amber-Allen Publishing, Inc.
P. O. Box 6657
San Rafael, CA 94903

Título del original en inglés: *The Seven Spiritual Laws of Success:
A Pocketbook Guide to Fulfilling Your Dreams*
Traducción: Adriana Miniño (adriana@mincor.net)

Diseño de la cubierta: *Asavari Ragini,*
Subimperial Mughal, c. 1625

Library of Congress Cataloging-in-Publication Data
Chopra, Deepak. Las siete leyes espirituales del éxito :
un pequeño libro para realizar sus sueños / Deepak Chopra ;
[traducción al español, Adriana Miniño]. — Edición abreviada.
p. cm "Una hora de sabiduría."
ISBN 978-1-878424-62-4 (hardcover)
1. Success in business — Religious aspects. 2. Success —
Religious aspects. 3. Wealth — Psychological aspects. I. Title.
HF5386.C547518 2008
650.1--dc22   2008016920

Impreso en Canadá en papel neutro
Distribuido por Hay House, Inc.
10 9 8 7 6 5 4 3 2 1

Dedicado a Janet Mills: con gratitud
por lograr llevar a término este manuscrito.

CONTENIDO

El número de libros es infinito, y el tiempo es corto;
por lo tanto, el secreto del conocimiento
está en tomar lo que es esencial.
Tómelo y trate de vivir en consecuencia.
Swami Vivekananda

Nota de la editorial de
"Una hora de sabiduría"

La inspiración es un don maravilloso que nos ofrecemos cada día a nosotros mismos. Alimentar nuestro espíritu, recordar el poder de la vida fluyendo en nuestro interior, inspirarnos para dirigir nuestro poder con una conciencia más elevada es el propósito de "Una hora de sabiduría." La mayor parte de nosotros pasa más tiempo cuidando sus posesiones materiales que cuidando su espíritu. En un mundo en donde tantas cosas requieren de nuestra atención, el propósito mayor de nuestras vidas puede ser fácilmente olvidado. Este libro captura la esencia de la sabiduría del autor y comparte una gran riqueza de información en menos tiempo del que se requiere para preparar una comida.

Las palabras y las ideas pueden sanar la mente y nutrir el alma. Las palabras están imbuidas con energía; tienen el poder de animar, de vivificar, de transformar. Sienta la energía de las palabras en estas páginas mientras las lee; programe la intención de recibir el don de la sabiduría que éstas conllevan.

La vida es una fuerza que fluye a través de nosotros. Dirigimos nuestra atención allí, donde fluye la fuerza vital. Cada día nos trae la promesa de un nuevo comienzo, y la oportunidad de transformar cada desafío en un don. Una hora, una idea, un acto de amor pueden marcar toda la diferencia.

Vivir en alegría es un arte, y es una ciencia dirigir todas las formas de energía, incluyendo la nuestra. Aprender a dirigir la fuerza vital, que fluye a través de nosotros, es una obra encomiable que nos brinda innumerables recompensas.

Esperamos que este libro lo ayude a verse con mayor claridad. Que su sabiduría lo ayude a expresar todo el poder de su espíritu, y el logro de sus sueños más preciados. Quizá usted leerá este libro en menos de una hora, pero si lo repasa una y otra vez, la esencia de su sabiduría perdurará durante toda su vida.

INTRODUCCIÓN

Los antiguos sabios describieron la forma más fácil
de establecer un vínculo permanente con el
universo y lograr nuestros deseos. El lema de su
guía resulta ser de una sencillez exquisita:
Vivir de acuerdo con las leyes de la naturaleza.
Deepak Chopra

INTRODUCCIÓN

Este libro se titula *Las siete leyes espirituales del éxito*, pero también podría llamarse *Las siete leyes espirituales de la vida*, porque son los mismos principios que la naturaleza usa para convertir en existencia material todo aquello que podemos ver, oír, oler, degustar o tocar. Cuando este conocimiento es incorporado en nuestra conciencia, nos proporciona la habilidad de crear riqueza ilimitada sin esfuerzo y experimentar el éxito en todos nuestros cometidos.

El éxito en la vida puede definirse como la expansión continua de felicidad y la realización progresiva de metas valiosas. Hay muchos aspectos relacionados con el éxito; la riqueza material es solamente uno de ellos. Por otra parte, el éxito es una jornada, no un destino. Acontece que la abundancia material, en todas sus expresiones, hace más llevadera la jornada, pero el éxito incluye: buena salud, energía y entusiasmo por la vida, relaciones satisfactorias, libertad de creatividad y sentido general de bienestar.

El éxito es la habilidad de realizar nuestros deseos con facilidad. No obstante, el éxito, incluyendo la creación de riqueza, ha sido siempre considerado un proceso que requiere de trabajo arduo, y es a menudo considerado algo que se consigue a expensas de los demás. Necesitamos un enfoque más espiritual hacia el éxito y la opulencia, el cual es el flujo abundante de todas las cosas hacia nosotros.

En términos espirituales, el éxito se mide por la eficiencia y la facilidad por medio de las cuales cocreamos con el universo. El trabajo arduo, el empeño y la frustración se oponen a las enseñanzas de los antiguos sabios; ellos sabían que el espíritu yace en la fuente de todos los logros de la vida. Y siempre comenzaron en la fuente definiéndola como potencialidad pura, que es puramente la conciencia no manifestada. La belleza de comenzar en la fuente es ese poder que en ella reside: el de nuestro ser interior y el de nuestro espíritu.

En cada semilla yace la promesa de un bosque. La energía invisible fluye en la manifestación material. Las leyes físicas del universo son en verdad el proceso por medio del cual se manifiesta, se conoce y se hace visible lo inmanifiesto, lo desconocido y lo invisible. Nuestros deseos más preciados son pura conciencia buscando la expresión de lo inmanifiesto a lo manifiesto. Y si le damos una oportunidad a nuestros instintos más profundos, el éxito en la vida no es sólo posible, sino inevitable.

Con el conocimiento y la práctica de las siete leyes espirituales, nos alineamos con la inteligencia de la naturaleza, y nuestros sueños y deseos son realizados con facilidad. Cuando comprendemos estas leyes, y las aplicamos en nuestras vidas, podemos crear todo lo que deseamos.

1

❧

LA LEY DE LA
POTENCIALIDAD PURA

Al comienzo, no había existencia ni inexistencia.
Todo este mundo era energía inmanifiesta...
Himno de la creación, El Rig Veda

1

LA LEY DE LA
POTENCIALIDAD PURA

La primera ley espiritual del éxito, la *Ley de la potencialidad pura*, dice que nuestro estado esencial es de potencialidad pura. La potencialidad pura es la conciencia pura; es el campo de todas las posibilidades y de la creatividad infinita. Nuestro cuerpo físico, el universo físico, todo lo que existe en el mundo material, proviene del mismo lugar: un campo de callada e inmóvil percepción desde la cual todo es posible. No hay separación entre este campo de energía y nuestra esencia espiritual, nuestro Ser. Este campo *es* nuestro propio Ser. Cuando comprendemos a ciencia cierta que nuestra naturaleza esencial es de potencialidad pura, nos alineamos con el poder que todo lo manifiesta en el universo.

Saber quiénes somos en realidad nos proporciona la habilidad de realizar cualquier sueño que hayamos tenido, porque el mismo campo que usa la naturaleza para crear un bosque, una galaxia o un cuerpo humano, también puede suscitar la realización de nuestros deseos. Todo es posible en el campo de la potencialidad pura, porque ese campo es la

fuente de todo el poder, de toda la inteligencia y de la infinita habilidad de la concertación.

Por consiguiente, el éxito en la vida depende de que sepamos quiénes somos en realidad. Cuando nuestro punto de referencia interno es nuestro espíritu, nuestro *verdadero* Ser, experimentamos todo el poder de nuestro espíritu. Cuando nuestro punto de referencia interno es el ego o la imagen personal, nos sentimos desconectados de la fuente y la incertidumbre de eventos crea miedo y dudas. El ego es influenciado por los objetos externos al Ser: circunstancias, personas y cosas. Se alimenta de la aprobación de los demás. El ego es nuestra marca social; es el papel que jugamos.

La necesidad de aprobación, la necesidad de controlar las cosas y la necesidad de poder

externo están basadas en el miedo. Esta clase de poder no es el poder de la potencialidad pura, el poder del Ser o el *verdadero* poder. El poder del Ser es el verdadero poder porque está basado en las leyes de la naturaleza, y proviene del conocimiento del Ser. El poder del Ser atrae hacia nosotros las cosas que deseamos; magnetiza a las personas, las situaciones y las cosas que apoyan nuestros deseos.

Este apoyo de las leyes de la naturaleza es el estado de gracia. Cuando estamos en armonía con la naturaleza, creamos una conexión entre nuestros propios deseos y el poder de materializarlos.

¿Cómo puede usted experimentar la *Ley de la potencialidad pura*? Una manera es a través de la práctica del silencio y la meditación. Esto significa desconectarnos del mundo y permitirnos sencillamente *Ser*. En la Biblia encontramos la frase: "Permanece en la quietud y sabrás que soy Dios." La quietud es el primer requisito para manifestar sus deseos, porque en ella usted se conecta con el campo de la percepción pura y del poder de la concertación infinita.

Imagínese lanzando una piedrecilla en un estanque calmado y observando las ondas que produce. Eso es lo que usted hace cuando se sumerge en el silencio y presenta su intención. Incluso, una intención apenas perceptible causa ondas en el campo de la conciencia universal que conectan su deseo con todo lo demás. Este campo puede orquestar una infinidad de detalles para usted. Pero si su mente es como un océano turbulento, usted puede lanzar sobre ella el edificio del Empire State y no notaría nada en lo absoluto.

Practicar el no-juicio es otra manera de experimentar la *Ley de la potencialidad pura*. Cuando usted está constantemente juzgando las cosas como buenas o malas, crea gran turbulencia en su diálogo interno. Esta turbulencia restringe el flujo de energía entre usted y el campo de la potencialidad pura. En el espacio del silencio entre sus pensamientos hay un estado de percepción pura, una quietud interna que lo conecta con su verdadero poder. A través de la práctica del no-juicio, acalla su mente y tiene acceso a su quietud interior.

Otra forma de experimentar la *Ley de la potencialidad pura* es pasar tiempo en la naturaleza. Al observar la naturaleza, comienza a sentir la relación armoniosa entre todos los elementos y la fuerza vital. El majestuoso despliegue de abundancia en el universo es una expresión de la mente creativa de la naturaleza. Con tan sólo sintonizarse con la mente de la naturaleza, usted tiene acceso al campo de la potencialidad pura y de la creatividad infinita, y recibe espontáneamente ideas creativas.

Ya sea un arroyo, un bosque, una montaña o el mar, conectarse con la inteligencia de la naturaleza le brindará un sentido de unión con toda la vida, y lo ayudará a entrar en contacto con la esencia más intrínseca de su ser. Esta esencia está colmada de magia y misterio. Carece de miedos; es libre.

Cuando usted se enraíza en el conocimiento de su verdadero Ser, jamás sentirá miedo ni inseguridad respecto al dinero o a la realización de sus deseos. Jamás se sentirá culpable por desear o tener abundancia de nada, porque comprenderá que la esencia de toda la riqueza material es la energía vital. Sabrá que sus deseos están conectados de manera inseparable con todo lo demás. Su deseo no es suyo propio: es un impulso evolutivo que viene a través suyo, ¿por qué entonces dudar de él? Este impulso es parte de un patrón mayor que es crecer y evolucionar hacia la mayor abundancia y creatividad.

La *Ley de la potencialidad pura* dice que usted es la propia conciencia, tanto cuando se manifiesta en el mundo material, como cuando yace inmanifiesta en su ser. Con el conocimiento y la práctica de esta ley, usted se armoniza con la naturaleza y crea con despreocupación, alegría y amor. Dondequiera que esté en cualquier actividad, lleve consigo su quietud. De este modo, la actividad caótica a su alrededor jamás eclipsará su acceso al campo de la potencialidad pura.

Para experimentar
la *Ley de la potencialidad pura*:

❖ Aparte un periodo de tiempo al día para estar en silencio, para conectarse con su espíritu, para dedicarse solamente a *Ser*.

❖ Practique el no-juicio. Comience cada día con la declaración: "Hoy no juzgaré nada de lo que ocurra," y recuerde esta frase a lo largo del día cada vez que se descubra juzgando.

❖ Haga contacto íntimo con la naturaleza. Observe en silencio la inteligencia en el interior de todas las cosas. Observe un atardecer, escuche el sonido de las olas del mar o, sencillamente, perciba el aroma de una flor.

2

La ley de
dar y recibir

Depositas tus dones infinitos en mis pequeñas manos.
Los años pasan y sigues derramándolos,
y siempre hay espacios que llenar.
Rabindranath Tagore, Gitanjali

2

LA LEY DE
DAR Y RECIBIR

La segunda ley espiritual del éxito, la *Ley de dar y recibir*, está basada en el hecho de que todo en el universo funciona a través de un intercambio dinámico. Cada relación se trata de dar y tomar, porque dar y recibir son aspectos distintos del flujo de energía en el universo. Si detenemos el flujo de energía, interferimos con la inteligencia de la naturaleza. Debemos dar y recibir para mantener la circulación del dinero o de cualquier cosa que deseemos en nuestras vidas.

Moneda circulante, nuestra palabra para describir el dinero, deriva de la palabra latina que significa "correr o fluir." El dinero es un símbolo de la energía vital que ofrecemos y de la energía vital que recibimos como resultado del servicio que le ofrecemos a los demás. Como un río, el dinero debe mantenerse fluyendo, de lo contrario, comienza a bloquearse y a estancarse. La circulación lo mantiene vivo y vital. Si detenemos la circulación de la energía vital, si nuestra intención es aferrarnos a nuestro dinero y acapararlo, detenemos su circulación de regreso a nuestras vidas.

Lo más importante es nuestra intención al dar y recibir. Cuando el acto de dar es gozoso, cuando es incondicional y desde el corazón, entonces la energía del dar se incrementa potencialmente. Pero si damos a regañadientes, no hay energía tras ese acto de dar. Si sentimos que hemos perdido algo a través del acto de dar, entonces el don no ha sido entregado con honestidad y no causará un incremento.

La *Ley de dar y recibir* es sencilla: si desea amor, aprenda a dar amor; si desea atención y aprecio, aprenda a dar atención y aprecio; si desea riquezas materiales, ayude a los demás a prosperar económicamente. Si desea ser bendecido con todas las cosas buenas de la vida, aprenda a bendecir en silencio a todo el mundo con todas las cosas buenas de la vida.

Cuanto más da, más recibe. En su voluntad de dar lo que busca, mantendrá la abundancia del universo circulando en su vida.

La abundancia tiene una expresión material, pero lo que en verdad está circulando es la conciencia. Incluso, el solo pensamiento de dar, de bendecir, o de hacer una sencilla oración, tiene el poder de afectar a los demás. Somos un manojo de pensamientos en un universo pensante, y los pensamientos poseen el poder de la transformación.

La mejor forma de experimentar la *Ley de dar y recibir* es ofrecerle un regalo a cada persona con quien se relaciona. Esto no tiene que ser en forma de cosas materiales. Los regalos de cariño, atención, aprecio y amor son los más apreciados, y no cuestan nada.

Una de las cosas que aprendí cuando era niño fue nunca ir a casa de alguien sin llevar un regalo. Usted podría decir: "¿Cómo puedo darle a los demás si ni siquiera tengo suficiente para mí?" Usted puede regalar una nota que diga algo respecto a sus sentimientos hacia la persona que visita. Puede entregarle una flor, hacerle un cumplido o regalarle una oración.

Cada vez que conozca a alguien, envíele en silencio una oración. Este tipo de entrega silenciosa es muy poderosa. Dé dondequiera que vaya y a medida que dé, así recibirá. Cuando recibe, más se incrementa su habilidad de dar, y más gana confianza en los efectos milagrosos de esta ley.

Usted no carece de nada, porque su esencia natural es de potencialidad pura y de infinitas posibilidades. Usted es intrínsecamente acaudalado, no importa si tiene mucho o poco dinero, porque la fuente de toda riqueza es el campo de la potencialidad pura que sabe cómo satisfacer todas las necesidades.

Dar y recibir no son otra cosa que el flujo de la vida; la relación armoniosa de todos los elementos y las fuerzas que estructuran el campo de la existencia. El intercambio de energía es un proceso que ocurre a su propio ritmo, que posee su propia organización y belleza. Su vida se desarrolla de la misma manera. Todo lo que le llega no es algo que usted se ha ganado, sino un regalo que le ofrece pródigamente el universo, lo cual significa que proviene de un conocimiento profundo de lo que usted necesita.

Piense en todas las cosas que le han sido ofrecidas con prodigalidad sin que haya tenido que pedirlas. Al experimentar la gratitud se permite participar en la *Ley de dar y recibir*. La naturaleza apoya cada una de sus necesidades y deseos, incluyendo su necesidad de alegría, amor, risa, armonía y conocimiento. Busque primero estas cosas, no solamente para sí mismo, sino para los demás, y todo lo demás le llegará espontáneamente.

Para experimentar la *Ley de dar y recibir*:

❖ Ofrézcale un regalo a todas las personas que encuentre, ya sea un cumplido, una flor o una oración. Esto iniciará el proceso

de circular alegría y abundancia en su vida
y en las vidas de los demás.

❖ Reciba con aprecio todos los dones que la
vida le ofrece. Esté abierto a recibir, ya
sea un regalo material de los demás, un
cumplido o una oración.

❖ Desee en silencio felicidad, alegría y risa a
todo aquél que encuentre en su camino. Al
dar y recibir los dones de cariño, afecto,
aprecio y amor, mantiene la riqueza en circulación en su vida.

3

LA LEY DEL KARMA O CAUSA Y EFECTO

El karma es la aseveración eterna de la
libertad humana... Nuestros pensamientos,
nuestras palabras y nuestras obras son los hilos
de la red que lanzamos sobre nosotros mismos.
Swami Vivekananda

3

LA LEY DEL KARMA
O CAUSA Y EFECTO

La tercera ley espiritual del éxito es la *Ley del karma o causa y efecto*. El karma es tanto la acción como la consecuencia de esa acción. Todo el mundo ha escuchado la expresión "cosechas lo que siembras." Si deseamos crear felicidad en nuestras vidas, debemos aprender a sembrar las semillas de la felicidad. Por lo tanto, la *Ley del karma* implica la acción de tomar decisiones conscientes. Cuando elegimos acciones que atraen felicidad y éxito a los demás, el fruto de nuestro karma es la felicidad y el éxito.

En todo momento, tenemos acceso a una infinidad de opciones. Algunas decisiones son tomadas conscientemente, mientras que otras lo son inconscientemente. Por desdicha, muchas de nuestras decisiones son tomadas inconscientemente y, por lo tanto, no creemos que son decisiones, pero sí lo son. Como resultado de nuestro condicionamiento, a menudo nuestras decisiones provocadas por las personas y las circunstancias terminan en resultados predecibles. Si yo lo insultara, lo más probable es que usted tomara la decisión de sentirse ofendido. Si yo lo elogiara, lo más probable es que usted tomara la decisión de sentirse halagado. Pero, considere: usted puede tomar la decisión de no sentirse ofendido por un insulto, y también puede tomar la decisión de no permitir que un elogio lo haga sentirse halagado.

La mejor forma de usar la ley del karma es dar un paso hacia atrás y ser testigo de las decisiones que está tomando a cada momento. Cuando tome una decisión, pregúntese dos cosas: "¿Cuáles son las consecuencias de esta decisión?" y "¿Traerá felicidad la decisión que estoy tomando en mi vida y en la vida de las personas a mi alrededor?" Siempre hay una opción que creará máxima felicidad tanto para usted como para las personas a su alrededor.

Esta decisión es la acción espontánea y apropiada, porque es la acción que lo nutre a usted y a los demás al ser influenciados por ella.

¿Cómo tomar las decisiones espontáneas y apropiadas? Prestando atención a las sensaciones de bienestar o malestar en su cuerpo. En el momento de tomar una decisión, pregúntele a su cuerpo: "¿Cuáles son las consecuencias de esta decisión?" Si su cuerpo le envía una señal de bienestar, es la decisión apropiada. Si siente incomodidad incluso cuando hace la pregunta, entonces no es la decisión correcta.

Para algunas personas, el mensaje de bienestar o malestar se encuentra en el área del plexo solar, pero para la mayoría de las personas, se encuentra en el área del corazón.

Preste atención a su corazón y pregúntele qué debe hacer. Luego, preste atención a lo que siente. La respuesta puede llegar como una sensación muy ligera, pero siempre llega. Sabrá si la respuesta es correcta porque se *sentirá* bien, sin lugar a dudas. El corazón conoce la respuesta correcta porque se conecta con el campo de la potencialidad pura y con el poder de la organización infinita, y toma todo en consideración. El corazón es intuitivo e integral; posee su propia orientación infalible. Y aunque la respuesta pueda parecer irracional, el corazón es mucho más preciso que todo lo que existe en el reino de la mente racional.

Usted puede usar la *Ley del karma* para atraer dinero y flujo de todas las cosas buenas.

Pero, primero, debe hacerse consciente de las decisiones que está tomando a cada momento. Cuanto más consciente sea de sus decisiones, más decisiones correctas tomará espontáneamente, tanto para usted como para las personas a su alrededor.

¿Cómo puede aplicar la *Ley del karma* en las decisiones que ya ha tomado? La mayoría de las personas paga sus deudas kármicas inconscientemente, por supuesto. Algunas veces esto involucra mucho sufrimiento, pero la *Ley del karma* dice que jamás una deuda queda sin ser saldada en el universo.

Si desea transformar su karma en una experiencia más deseable, busque las semillas de la oportunidad en el interior de toda adversidad, y conecte esas semillas de oportunidad con su *dharma*, o el propósito de su vida. Esto le permitirá convertir la adversidad en un beneficio, y transformar el karma en una nueva expresión.

Comience preguntándose: "¿Cuál es el mensaje que me está siendo transmitido? ¿Qué puedo aprender de esta experiencia y cómo puedo hacer que sea algo útil para mis semejantes?" Por ejemplo, si usted se rompe una pierna practicando un deporte, quizá el mensaje es que debe desacelerar su ritmo y prestarle más atención a su cuerpo. Y si su propósito de vida es enseñar a los demás entonces, al preguntarse: "¿Qué puedo aprender de esta experiencia y cómo puedo hacer que sea algo útil para mis semejantes?" puede ser que usted decida compartir lo que ha aprendido escribiendo un libro relacionado con la seguridad al practicar los deportes. Esto transforma su karma en una experiencia positiva.

También puede trascender las semillas de su karma independizándose de él. La manera de hacerlo es mantenerse experimentando su Ser, su espíritu, acudiendo a la meditación silenciosa y regresando de ella. Es como lavar una prenda de ropa sucia en una corriente de agua. Cada vez que la lava, le quita algunas manchas y la limpia un poco más.

Toda acción es un episodio kármico porque genera memoria, la memoria genera deseo y el deseo genera a su vez acción.

Cuando usted se hace consciente de estas semillas de manifestación, se convierte en un tomador consciente de decisiones, y las acciones que genera serán progresivas. Siempre y cuando su karma sea progresivo, tanto para usted como las personas a su alrededor, el fruto del karma será felicidad y éxito.

Para experimentar
la *Ley del karma*:

❖ Sea testigo de las decisiones que toma a cada momento. La mejor forma de prepararse para cualquier momento en el futuro es estar totalmente consciente en el presente.

❖ Cada vez que tome una decisión, formúlese estas dos preguntas: "¿Cuáles son las consecuencias de esta decisión?" y "¿Traerá felicidad la decisión que estoy tomando a mi vida y a la vida de las personas a mi alrededor?"

❖ Pídale guía a su corazón, y déjese llevar por su mensaje de bienestar o malestar. Si se siente cómodo con su decisión, siga adelante. Si se siente incómodo con la decisión, entonces no la tome.

4

LA LEY DEL
MENOR ESFUERZO

Un ser íntegro sabe sin proceder,
ve sin mirar y realiza sin hacer.
Lao Tzu

4

LA LEY DEL
MENOR ESFUERZO

L a cuarta ley espiritual del éxito, la *Ley del menor esfuerzo*, está basada en el hecho de que la inteligencia de la naturaleza funciona fácilmente con desenvoltura, despreocupación, armonía y amor. Éste es el principio de: "Haz menos y logra más." Cuando aprendemos esta lección de la naturaleza, satisfacemos fácilmente nuestros deseos. Si observamos la naturaleza en acción, vemos cómo se consume el mínimo esfuerzo. La hierba no hace esfuerzos por crecer; solamente crece. Los peces no tratan de nadar, solamente nadan. Ésta es su naturaleza intrínseca. La naturaleza del sol es brillar. Y la naturaleza humana es manifestar sus sueños en forma física, fácilmente y sin esfuerzo. Lo que se llama comúnmente un "milagro" es en realidad una expresión de la *Ley del menor esfuerzo*.

El menor esfuerzo es consumido cuando nuestras acciones están motivadas por el amor, porque la naturaleza se mantiene unida por la energía del amor. Cuando buscamos poder y control sobre los demás, derrochamos la energía. Cuando buscamos dinero

solamente para el provecho personal, corta-
mos el flujo de la energía hacia nosotros e
interferimos con la expresión de la inteligencia de la naturaleza. Desperdiciamos nuestra
energía persiguiendo la ilusión de la felicidad, en vez de disfrutar de la felicidad en el
momento.

Prestarle atención a los lamentos del ego
consume una gran cantidad de energía. Pero
cuando nuestro punto de referencia interno
es nuestro espíritu, nuestras acciones están
motivadas por el amor, y no hay desperdicio
de energía. Nuestra energía se multiplica, y
la energía excedente que acumulamos puede
ser canalizada para crear cualquier cosa que
deseemos, incluyendo la riqueza ilimitada.
Cuando le sacamos el máximo partido al

poder de la armonía y el amor, usamos nuestra energía de manera creativa para la experiencia de la abundancia y la evolución.

¿Cómo puede poner en acción la *Ley del menor esfuerzo*? Puede hacer tres cosas para lograrlo. Lo primero es aceptar a las personas, las situaciones y los eventos tal como *son*, no como le *gustaría* que fueran en este momento. Este momento es tal como debe ser, porque se tomó todo el universo crear este momento. Cuando usted lucha contra este momento, lucha contra todo el universo. Puede tener la *intención* de que las cosas cambien en el futuro, pero en *este* momento, acepte las cosas tal como son.

Lo segundo, es asumir la responsabilidad por su situación y por todos los eventos que usted ve como problemas. Esto significa no culpar a nada ni a nadie por su situación, ni siquiera a usted mismo. Responsabilidad significa la *habilidad* de tener una respuesta creativa a la situación *tal como es ahora*. Todos los problemas contienen la semilla de la oportunidad, y esta percepción le permite tomar el momento y transformarlo en una mejor situación.

Si hace esto, toda situación perturbadora se convierte en una oportunidad para la creación de algo nuevo y hermoso; cada persona que lo atormenta o cada tirano se convierte en su maestro. Las relaciones que ha atraído en su vida son precisamente las que necesita en este momento; hay un mensaje escondido tras todos los eventos, el cual le está sirviendo para su propia evolución. Y si usted opta por interpretar la realidad de esta manera, entonces tendrá muchos maestros y muchas oportunidades para evolucionar.

El tercer camino para poner en acción la *Ley del menor esfuerzo* es practicar la actitud de no estar a la defensiva. Esto significa renunciar a la necesidad de convencer a los demás de su punto de vista. Al hacer esto, obtiene acceso a cantidades enormes de energía que han sido desperdiciadas previamente.

Cuando no tiene un punto que defender, deja de luchar y de resistirse y puede experimentar plenamente el presente, el cual es un don. Cuando acepta el presente, comienza a experimentar el espíritu en el interior de todas las cosas vivas, y la alegría brota en su interior. Cuando abdica a la carga de la actitud defensiva y el resentimiento, se aligera, se siente contento y libre. En esta libertad gozosa y sencilla, sabrá que todo lo que desea está disponible para usted cuando así lo desee, porque su deseo proviene de un estado de felicidad, no de un estado de ansiedad y temor.

La *Ley del menor esfuerzo* nos asegura que siempre existe un sendero sencillo y natural hacia la realización. La inteligencia de la naturaleza se manifiesta espontáneamente a través del sendero del mínimo esfuerzo y de la no resistencia. Así vive usted también. Cuando combina la aceptación, la responsabilidad y no estar a la defensiva, su vida fluye con facilidad y sin esfuerzos. Sus sueños y sus deseos fluyen con los deseos de la naturaleza. Entonces, logra liberar sus intenciones sin apegos y cuando llega la época justa, sus deseos florecen para convertirse en realidad.

Para experimentar
la *Ley del menor esfuerzo*:

❖ Acepte a las personas, las circunstancias y los eventos tal como son en este momento. Cuando se enfrente con cualquier reto en su vida, recuerde: *"Este momento es como debe ser,"* porque el universo entero es como debe ser.

❖ Asuma responsabilidad por sus situaciones sin culpar a nada ni a nadie, ni siquiera a usted. Todo problema es una oportunidad para tomar el momento y transformarlo en un beneficio mayor.

❖ Renuncie a la idea de defender su punto de vista. Cuando no está a la defensiva, permanece abierto a todos los puntos de vista, no se apega con rigidez a uno de ellos.

5

LA LEY DE LA INTENCIÓN Y EL DESEO

Al comienzo hubo el deseo;
y éste fue la primera semilla de la mente...
Himno de la creación, El Rig Veda

5

LA LEY DE LA INTENCIÓN Y EL DESEO

La quinta ley espiritual del éxito, la *Ley de la intención y el deseo*, dice que nuestras intenciones y deseos, cuando son liberados en el campo de la potencialidad pura, tienen un poder infinito de concertación. Al presentar una intención en el fértil terreno de la potencialidad pura, activamos este campo y hacemos que su poder infinito de con- certación trabaje para nosotros. Esto no es una noción mística. Cada vez que sentimos el deseo de caminar o de levantar nuestros brazos, nuestra intención incita a millones de reacciones químicas e impulsos eléctricos que obedecen las leyes fijas de la naturaleza. La quinta ley espiritual dice que en todo deseo están inherentes los mecanismos para su reali- zación, y estos mecanismos aplican a los deseos mucho más allá de los límites del cuerpo físico.

La energía y la información existen en todas partes de la naturaleza; en el nivel de la conciencia pura, no hay nada más que energía e información. Esto significa que no hay límites bien definidos entre nuestro cuerpo físico y nuestro cuerpo extendido: el universo. Podemos cambiar conscientemente la energía y la información de nuestro *propio* cuerpo, e influenciar la energía y la información de nuestro cuerpo *extendido* —nuestro ambiente— y hacer que las cosas se manifiesten en él.

Este cambio es llevado a cabo a través de dos calidades inherentes en la conciencia: la atención y la intención. La atención energiza y la intención transforma. Aquello a lo que prestamos atención se fortalece en nuestra vida; aquello a lo que no prestamos atención se debilita y desaparece. La intención activa la transformación de energía e información, y concierta su propia realización. La calidad de la *intención* sobre el objeto de la *atención* orquesta infinidad de detalles para llevar a término el resultado deseado.

Vemos la expresión de este poder de concertación en cada brizna de hierba, en cada flor y en todas las cosas vivas. En el esquema de la naturaleza, todo está conectado y correlacionado con todo lo demás. La marmota sale de su madriguera y sabemos que la primavera viene en camino. Las aves comienzan a migrar hacia cierta dirección en ciertas épocas del año. La naturaleza es una sinfonía orquestada en silencio según las bases máximas de la creación. Siempre y cuando no violemos las demás leyes de la naturaleza, podemos usar la intención consciente para comandar literalmente los poderes de la naturaleza, hacia la realización de nuestros sueños y deseos.

La intención es el verdadero poder tras el deseo porque se trata del deseo *sin apegarse* a los resultados. El deseo, para la mayoría de las personas, es atención con apego al resultado. Pero, cuando combinamos la intención con el desapego nuestra *intención* se programa para el futuro, mientras que nuestra *atención* permanece en el presente. La percepción del momento presente es poderosa, porque el futuro es creado por nuestras acciones en el presente. No podemos tomar acción ni en el pasado ni en el futuro. El pasado y el futuro nacen en la imaginación. Solamente el presente, el cual es percepción, es real y eterno.

Si practicamos la percepción del momento presente, desaparecen entonces los obstáculos imaginarios, que son el noventa por ciento de los obstáculos. Los obstáculos restantes pueden ser transformados en oportunidades a través de la intención concentrada. Esto significa mantener nuestra atención en el resultado deseado con una voluntad tan férrea, que rehusamos permitir que obstáculo alguno consuma nuestra atención, o disipe la calidad del enfoque de nuestra atención. Éste es el poder de la intención enfocada y el desapego aplicados de manera simultánea.

¿Cómo puede sacar el máximo partido del poder de la intención para lograr la realización de sus sueños y deseos? Puede obtener los resultados a través del esfuerzo; pero si sigue estos cinco pasos de la *Ley de la*

intención y el deseo, su intención generará su propio poder: 1) céntrese en el espacio silencioso entre pensamientos: en el estado esencial *de Ser*; 2) libere sus intenciones y deseos con la expectativa de que estos florecerán en el momento justo; 3) mantenga sus deseos para sí mismo; no los comparta con nadie, a menos que sean ya parte intrínseca de su ser; 4) renuncie a su apego al resultado; y 5) permita que el universo se ocupe de los detalles.

Recuerde, su verdadera naturaleza es de potencialidad pura. No tiene que verse a sí mismo a través de los ojos del mundo, ni permitir la influencia de las opiniones ajenas. Permanezca en la percepción de su *verdadero* Ser. Lleve consigo la percepción de su espíritu dondequiera que vaya, libere con gentileza sus deseos, y el universo orquestará todos los detalles para usted.

Para experimentar
la *Ley de la intención y el deseo*:

❖ Haga una lista de sus intenciones y deseos, y observe esta lista antes de entrar a su periodo de silencio, antes de acostarse en la noche, y cuando se despierte en la mañana.

❖ Libere sus deseos al campo de la potencialidad pura, confiando en que ésta puede hacerse cargo de todos los detalles para su beneficio. Sepa que cuando las cosas no ocurren como usted quiere, siempre hay una razón.

❖ Practique la percepción del momento presente en todas sus acciones. Rehúse permitir que los obstáculos consuman su atención en el momento presente.

6

LA LEY
DEL DESAPEGO

El ego y el Ser residen en el mismo cuerpo.
El primero consume los frutos dulces y amargos
del árbol de la vida; mientras que el
segundo observa en actitud de desapego.
Upanishad: Mundaka

6

LA LEY

DEL DESAPEGO

L a sexta ley espiritual del éxito, la *Ley del desapego*, dice que la manera de adquirir cualquier cosa en el universo es renunciar a nuestro apego hacia esa cosa. Esto no significa renunciar a nuestra intención de crear nuestro deseo. No renunciamos a la intención ni renunciamos al deseo, sino que renunciamos a nuestro apego al resultado. En el momento en que combinemos la intención concentrada con el desapego por el resultado, obtendremos lo que deseamos.

Todo lo que deseamos puede ser adquirido a través del desapego, porque el desapego se basa en la creencia incuestionable en el poder del Ser. La fuente de la riqueza, o de cualquier cosa en el mundo físico, está en el Ser, en el campo de la potencialidad pura que sabe cómo manifestarlo todo. Lo único que tenemos que hacer es alimentar las intenciones más profundas en nuestro corazón y aceptar las cosas como vayan llegando.

El desapego proviene de la sabiduría interna de que somos un patrón de conductas, de una inteligencia más elevada. Cuando las cosas no salen como esperamos, podemos abandonar la idea de cómo deberían ser. Sabemos que en nuestra percepción limitada, no podemos ver los patrones sincrónicos y armónicos del universo de los cuales nosotros y nuestras intenciones formamos parte.

El apego, por otro lado, implica duda y desconfianza en la inteligencia de la naturaleza y en su poder infinito de concertación. El apego es el melodrama del ego, porque está basado en miedo e inseguridad, y esto proviene de la incomprensión del poder del Ser. Aquellos que buscan la seguridad, la persiguen durante toda la vida sin llegar a encontrarla porque la seguridad no puede provenir solamente de la riqueza material. La gente dice: "Cuando tenga un millón de dólares, seré independiente económicamente, luego estaré seguro." Pero, eso nunca ocurre. El apego al dinero y a la seguridad solamente crea inseguridad, sin importar cuánto dinero tengamos en el banco.

El apego a los símbolos de la riqueza como son automóviles, casas y cuentas bancarias, crea ansiedad porque estos símbolos son transitorios: vienen y se van. Cuando intercambiamos nuestro Ser por los *símbolos* de nuestro Ser, terminamos sintiéndonos vacíos por dentro.

La búsqueda de la seguridad es en verdad un apego a la certidumbre, a lo conocido, y lo conocido es la prisión de nuestro condicionamiento pasado. La liberación de nuestro pasado yace en la sabiduría de lo *incierto*.

Sin incertidumbre, la vida es solamente una repetición de memorias gastadas. No hay evolución; y cuando no hay evolución ocurre estancamiento, entropía y decadencia.

En las antiguas y sabias tradiciones, la solución para este dilema yace en nuestra voluntad de desapegarnos de lo conocido, entrar en lo desconocido, y entregar nuestros deseos a la mente creativa que orquesta la danza del universo. Lo desconocido es el campo de todas las posibilidades, siempre frescas, siempre nuevas, siempre abiertas a la creación de nuevas manifestaciones. Este campo puede orquestar infinidad de eventos en el tiempo y en el espacio para llevar a cabo el resultado deseado. Pero, cuando nuestra intención se queda estancada en ideas rígidas perdemos la fluidez, la flexibilidad y la creatividad inherentes a este campo. El apego a un resultado específico congela nuestro deseo en un marco rígido, y esto interfiere con todo el proceso de la creación.

La verdadera conciencia de riqueza es la habilidad de tener todo lo que deseamos, en cualquier momento que lo deseamos, con el menor esfuerzo. El desapego es sinónimo de conciencia de riqueza, porque con el desapego llega la libertad para crear. ¿Cómo podemos crear cuando estamos aferrados a viejas ideas y estamos llenos de ansiedad? No tenemos que tener una idea completa y rígida de lo que haremos la próxima semana ni el próximo año, porque si nos aferramos con rigidez a esa idea, entonces le negamos la entrada a un amplio rango de posibilidades. La *Ley del desapego* no interfiere con la programación de metas. Seguimos teniendo la intención de ir hacia cierta dirección, pero entre el punto A y el punto B hay posibilidades infinitas. Cuando se pondera la incertidumbre, podemos cambiar la dirección si encontramos una mejor opción, o si descubrimos algo más emocionante. Cuando experimentamos la incertidumbre, estamos en el camino correcto, y es el terreno fértil de la creatividad pura y de la libertad.

¿Cómo puede aplicar la *Ley del desapego*? Comience practicando la participación sin apegos. Esto significa que cuando se encuentre con un problema, permanezca enraizado en la sabiduría de la incertidumbre, mientras espera ansiosamente a que surja una solución. Si permanece en el desapego, no se siente llamado a imponerle soluciones a los problemas. Esto le permite permanecer alerta a las oportunidades, y luego lo que surge es algo poderoso y emocionante. El estado de preparación alerta en el presente en conjunto con sus metas e intenciones, le permite aprovechar la oportunidad que yace en cada problema que tiene en su vida.

Todo problema es una semilla de oportunidad para un mayor beneficio. Una vez que usted lo percibe así, se abre una amplia gama de posibilidades, y esto hace que permanezcan vivos el asombro y la emoción.

Solamente al practicar la participación sin apegos puede disfrutar de la alegría y la felicidad. Entonces, la riqueza se crea de manera espontánea y fácil.

La palabra *universo* significa una canción. Cada intención o deseo de su corazón es como una melodía en la sinfonía de la naturaleza; lo único que tiene que hacer es entonar su canción. Un poema de Rumi dice: "Deseo cantar como las aves sin preocuparme por quién me escucha, ni por la opinión ajena." Si usted puede entonar su canción con esa actitud, está participando en la *Ley del desapego*, y nada podrá detener la fuerza de sus intenciones.

Renuncie a su apego a lo conocido, entre en lo desconocido y experimente toda la diversión, el misterio y la magia de lo que puede ocurrir en el campo de todas las posibilidades. Cuando la preparación se encuentra con la oportunidad, aparece espontáneamente una solución que lo beneficia a usted y a todas las personas a su alrededor.

Lo que se llama comúnmente "buena suerte" no es otra cosa que el encuentro de la preparación y la oportunidad. Esta es la receta perfecta del éxito y está basada en la *Ley del desapego*.

Para experimentar
la *Ley del desapego*:

❖ Practique la participación sin apegos. Permanezca alerta a la oportunidad que yace en todos los problemas abandonando la idea de cómo deberían ser las cosas.

* Acepte la incertidumbre como parte esencial de su experiencia. En su voluntad por aceptar la incertidumbre, aparecerán las soluciones de forma espontánea.

* Permanezca abierto a todas las posibilidades y disfrute de cada momento en la jornada de su vida: toda la diversión, el misterio y la magia del campo de la potencialidad pura.

7

La ley del dharma
o el propósito de la vida

Trabajar con amor... es urdir el tejido con
hebras extraídas de tu corazón, como si tu
ser querido fuera a usar dicha prenda.
Kahlil Gibran: El profeta

7

LA LEY DEL DHARMA
O EL PROPÓSITO DE LA VIDA

La séptima ley espiritual del éxito, la *Ley del dharma o el propósito de la vida*, dice que somos seres espirituales que hemos asumido forma física para cumplir un propósito. Todos tenemos un propósito en la vida: un don o un talento especial para ofrecerles a los demás; y por cada talento único y expresión de ese talento, también hay necesidades únicas. Cuando mezclamos este talento único con el servicio a los demás, experimentamos el éxtasis y la exaltación de nuestro espíritu. Esta es la meta de todas las metas.

Existen tres componentes en la *Ley del dharma*. El primero dice que cada uno de nosotros está aquí para descubrir su verdadero Ser, para descubrir que somos seres espirituales, la divinidad disfrazada.

El segundo componente de la *Ley del dharma* dice que cada uno de nosotros está aquí para expresar su talento único. Nuestro talento, o la expresión de ese talento, es tan original que ninguna otra persona viva lo posee. Cuando expresamos nuestro talento único—o más de un talento en muchos casos— nos sentimos felices y nos olvidamos del concepto del tiempo.

El tercer componente de la *Ley del dharma* dice que estamos aquí para servir a nuestros semejantes con nuestro talento. Al formular la pregunta: "¿Cómo puedo ayudar a todas aquellas personas con quienes me relaciono?" combinamos la expresión de nuestro talento único con el servicio a la humanidad, y hacemos pleno uso de la *Ley del dharma*.

La experiencia de nuestra espiritualidad, aplicada por la expresión de nuestro talento al servicio de la humanidad, nos brinda acceso a la abundancia ilimitada. Esta es la chispa que genera abundancia, y es permanente, no temporal, porque es el *verdadero* camino hacia la consecución de la abundancia. Al formular la pregunta: "¿Cómo puedo ayudar?" en vez de "¿Qué provecho puedo sacar de esto?" vamos más allá del diálogo interno del ego, hacia el dominio de nuestro espíritu, esa parte de nuestra percepción en donde experimentamos la universalidad.

La *Ley del dharma* implica más que buscar el empleo que nos gusta; implica nuestro destino único, nuestro lugar en el plan cósmico. Implica un cambio en la conciencia que comienza cuando nos alineamos con nuestra visión más elevada, y entonces se convierte en la manifestación de esa visión. La fuerza que sirve como un puente a dicha transformación es también conocida como *dharma*.

Primero llega el momento en que comprendemos que no es posible tener éxito en la vida sin una visión. Luego, llegamos al misterio más grande de todos. ¿Cuál es el significado de nuestras vidas en el esquema del universo? La raíz de la palabra *dharma*, en sánscrito, nos ofrece una pista inestimable: significa "sostener." Sabemos que nos hemos convertido en parte del plan cósmico cuando el universo nos sostiene y nos apoya. La séptima ley espiritual del éxito hace fructíferas las seis leyes precedentes, porque cuando dominamos la *Ley del dharma*, todo el universo está de nuestro lado. Toda la ley y el poder de la naturaleza acuden a nuestra ayuda y nos apoyan de forma espontánea.

La auto-exploración no es una tarea que debemos lograr y luego abandonar. Cada persona es un proyecto sin final del universo. Somos como naves en la noche, y la corriente que nos sostiene y nos lleva hacia el alba es el dharma. Si abrimos nuestros ojos espirituales y vemos a través de la ilusión de nuestro condicionamiento, entonces el sendero del dharma nos invoca. Estuvo ahí todo el tiempo. Está ahí ahora, en este preciso momento, llamándonos desde las profundidades de nuestra propia percepción.

Si desea experimentar la *Ley del dharma*, hay varias cosas que usted puede hacer. La primera es buscar su Ser superior a través de la práctica espiritual y descubrir su divinidad; la segunda es encontrar sus talentos únicos y la tercera es servir a la humanidad con la expresión de sus talentos.

Si no tuviera que preocuparse por el dinero, y si tuviera todo el tiempo del mundo, ¿qué haría? Si todavía desea seguir haciendo lo que está haciendo actualmente, entonces usted está en el dharma porque siente pasión por lo que hace. ¿Cuál es la forma más idónea de servir a la humanidad en su caso personal? Responda a esta pregunta, póngalo en práctica y podrá generar toda la riqueza que desee.

Cuando sus expresiones creativas concuerdan con las necesidades de sus semejantes, la riqueza fluye espontáneamente desde el reino del espíritu al mundo de la forma. Comienza a experimentar su vida como una expresión milagrosa de la divinidad, no solo en ocasiones, sino todo el tiempo. Y, entonces, conocerá la verdadera alegría y el verdadero significado del éxito: el éxtasis y la exaltación de su propio espíritu.

Para experimentar la *Ley del dharma*:

❖ Cultive la divinidad en su interior, el espíritu que anima su cuerpo y su mente, siendo consciente de su *Ser* infinito cuando experimente situaciones confinadas al tiempo.

❖ Haga una lista de sus talentos únicos. Luego, haga una lista de todas las cosas que le gustaría hacer para expresar estos talentos.

❖ Pregúntese a diario: "¿En qué forma puedo ayudar?" y "¿Cómo puedo servir?". Las respuestas a estas preguntas le ayudarán a servir con amor a sus semejantes.

Epílogo

Manifiesta la divinidad en tu interior y todas las
cosas se dispondrán en orden armónico a tu alrededor.
Swami Vivekananda

EPÍLOGO

La mente universal diseña la coreografía de todo lo que ocurre en miles de millones de galaxias con precisión elegante e inteligencia infalible. Su inteligencia traspasa cada fibra de la existencia: desde el átomo hasta el cosmos. Y esta inteligencia opera a través de siete leyes espirituales.

Cuando prestamos nuestra atención a estas leyes y practicamos los pasos señalados en este libro, podemos manifestar todo lo que deseamos, toda la abundancia y el éxito que queremos. La vida se vuelve más alegre y plena en todas sus facetas, porque estas leyes son también las leyes espirituales de la vida que hacen que valga la pena vivir.

Todo en la vida es una expresión de la manifestación milagrosa del espíritu. En cada momento, el espíritu se manifiesta espontáneamente, y el universo evoluciona hacia niveles más elevados de creatividad, percepción y divinidad.

El verdadero éxito es ser testigos de la manifestación de la divinidad en nuestro interior. Es la percepción de la divinidad dondequiera que vayamos, en todo lo que percibamos: en los ojos de un niño, en la belleza de una flor, en el vuelo de un ave. Cuando experimentemos cada momento de nuestras vidas como la expresión milagrosa de la divinidad, entonces conoceremos el verdadero significado del éxito.

Somos viajeros en una jornada cósmica, y este momento es un pequeño paréntesis en la eternidad. La vida es eterna, pero las expresiones de la vida son momentáneas y transitorias. Buda dijo en una ocasión: "Nuestra existencia es tan transitoria como las nubes de otoño... El transcurso de una vida es como el destello de un relámpago en el cielo, tan impetuoso como un torrente descendiendo por una colina empinada."

Nos hemos detenido por un momento para encontrarnos mutuamente, para reunirnos, amar y compartir. Si compartimos con cariño, alegría y amor, crearemos abundancia y gozo para todos. Y, entonces, este momento habrá sido inestimable.

Deepak Chopra es un líder mundial de renombre en los campos de la salud holística y el potencial humano. Es autor de innumerables libros y programas de audio de mayor venta en el mundo, que cubren todos los aspectos de la mente, el cuerpo y el espíritu. Sus libros han sido traducidos a más de cincuenta idiomas, y ha viajado extensamente a lo largo y ancho del mundo promoviendo la paz, la salud y el bienestar.

Para una lista completa de los libros y programas de audio de Deepak Chopra, o para información acerca de los próximos seminarios, charlas y eventos especiales en The Chopra Center en *La Costa Resort and Spa* en Carlsbad, California, por favor visite la página de Deepak:

www.deepakchopra.com

El camino de la abundancia

El autor explora el pleno significado de la conciencia de la abundancia y presenta una serie de pasos de la A a la Z para generar abundancia en todas sus formas.

Poder, libertad y gracia

Deepak Chopra pondera el misterio de nuestra existencia y su significado en nuestra eterna búsqueda de felicidad. ¿Quién soy? ¿De dónde vengo? ¿Adónde iré cuando muera? El autor se basa en la antigua filosofía hindú de Vedanta y en las investigaciones de las ciencias modernas para ayudarnos a comprender y a experimentar nuestra verdadera naturaleza.

Los cuatro acuerdos
Basado en la sabiduría tolteca ancestral, *Los cuatro acuerdos* nos ofrece un poderoso código de conducta capaz de transformar rápidamente nuestra vida para convertirla en una experiencia de libertad, felicidad verdadera y amor.

Los cuatro acuerdos en disco de audio
En esta lectura íntegra de *Los cuatro acuerdos*, Rubén Moya ofrece su magnífica voz a las palabras de don Miguel Ruiz.

Cuaderno de trabajo de Los cuatro acuerdos
El *Cuaderno de trabajo* nos brinda conocimientos adicionales, ideas prácticas y preguntas y respuestas sobre cómo aplicar *Los cuatro acuerdos*,

junto a una serie de historias verídicas de personas que ya han transformado su vida.

La maestría del amor
Don Miguel Ruiz nos enseña a sanar nuestras heridas emocionales, recuperar la dicha y la libertad que nos pertenecen por derecho de nacimiento, y a renovar el espíritu festivo que resulta vital en las relaciones amorosas.

Oraciones: Una comunión con nuestro Creador
Una hermosa colección de oraciones, meditaciones guiadas y una prosa poderosa que inspirarán y transformarán su vida. (Incluye la popular oración del *Círculo de fuego.*)

Tarjetas de Los cuatro acuerdos
Cuarenta ocho cartas bellamente ilustradas con perlas de sabiduría de *Los cuatro acuerdos*.